AF224690

QUATRIÈME LETTRE

AUX BONS HABITANTS DE FONTAINEBLEAU

A PROPOS

D'UN COMPTE-RENDU APOLOGÉTIQUE

DE L'ADMINISTRATION DE L'EX-MAIRE DE CETTE VILLE,

PAR

M. BOYARD,

Président honoraire de la Cour d'Orléans, propriétaire à Fontainebleau.

Utile dulci.

8 Septembre 1852.

Melun. — Imprimerie de A. C. Michelin.

AVIS AU LECTEUR.

—

On lit page 6 de l'apologie de l'ex-maire : « *Le bien est plus difficile*
« *à faire que le mal;* cet axiome est de toute vérité en ce qui me con-
« cerne; en effet, malgré tout mon zèle et le dévouement que je crois
« avoir constamment mis dans l'accomplissement de mes devoirs, on
« n'ignore pas avec quel acharnement, avec quelle insigne mauvaise
« foi, j'ai été attaqué, calomnié. »

On m'assure que cela s'applique aux accusations que j'ai portées
contre l'ex-maire, quand il était au pouvoir; dans ce cas, les rôles seraient travestis; la mauvaise foi est dans celui qui dissimule des actes
pour assurer le triomphe de sa partialité, dans celui qui établit des
charges arbitraires sur ses administrés, en ayant soin de s'en affranchir,
et d'en affranchir ses amis; le mensonge est dans l'allégation de faits
controuvés, dans la dénégation de faits certains ; la calomnie, dans la
supposition de faits, d'actes blâmables, de sentiments honteux ; rien
de tout cela ne regarde celui qui marche toujours preuves en main et
au grand jour de la publicité. J'aurais donc le droit de m'étonner qu'un
homme, aussi ennemi du mensonge et de la calomnie que l'est le citoyen Guérin, se permit d'attribuer à autrui ce que, sans doute, il trou-
verait odieux en lui-même.

Ce n'est pas cette accusation banale d'animosité, de rancune, de
mauvaise foi, qui motive la réponse qu'on va lire ; c'est cette nouvelle
tentative d'égarer l'opinion publique sur les hommes et sur les choses.
Peut-être l'ex-maire, en lisant cette réplique à ses inexplicables vanteries, reconnaîtra-t-il que le dépit est un mauvais conseiller.

Sa destitution est pour lui le plus grand des malheurs, puisqu'elle
le réduit à sa valeur intrinsèque, puisqu'elle applatit toutes ses bouf-
fées d'orgueil et cette outrecuidance qu'on ne trouve que dans les
petits esprits. Il n'avait qu'une chose à faire, c'était de supporter son
malheur avec quelque dignité; il a préféré, je ne dirai pas l'éclat, mais
le bruit, il faut maintenant qu'il en supporte les conséquences, c'est
dur, mais c'est juste.

B.

QUATRIÈME LETTRE

AUX BONS HABITANTS DE FONTAINEBLEAU,

A PROPOS

DU COMPTE-RENDU APOLOGÉTIQUE DE L'ADMINISTRATION

DE L'EX-MAIRE DE CETTE VILLE.

⸺ ◦◦◦ ⸺

Très-chers concitoyens,

Un événement fort heureux pour notre ville, quoiqu'il contrarie vivement une nombreuse et remuante coterie, a suspendu ma correspondance avec vous, car j'ai peu de goût pour les luttes terre à terre, pour les combats contre les morts. — Mais, quand un petit homme, qu'a frappé la foudre administrative, se relève comme un géant, et vient vanter ses prouesses, je comprends la nécessité de dire quelques mots.

Le compte-rendu ou plutôt l'apologie de l'ex-maire, faite par lui-même ou par un de ses fidèles, me met en verve ; je vais tâcher aujourd'hui d'être plus plaisant que sévère.

Je ne chercherai pas, cela va sans dire, à éclairer ceux auxquels le punch fait tourner la cervelle, moins encore ceux dont un litre à trois sols endort l'intelligence ; pas même ces excellents maçons, plâtriers, menuisiers, serruriers, qui sont convaincus que, sans le savoir faire de leur ex-patron, on ne bâtirait, on ne réparerait ni hospices, ni salles d'asile, ni écoles, ni abattoirs ; on ne construirait ni pavage, ni chemins vicinaux ; on n'élèverait ni statues, ni girouettes, ni lanternes à gaz, etc., etc., etc.

Je m'adresse aux lecteurs pour lesquels la morale en action est encore de quelque valeur ; pour lesquels la capacité administrative a quelque mérite ; pour lesquels la sincérité, la loyauté ne sont pas des mots vides de sens ; et je leur dis : de même que j'attaquai vivement les actes de l'ex-maire, qui si légèrement compromettaient les intérêts de notre cité, et que je gardai le silence, quand un souffle ministériel le renversa, de même quand il se relève pour crier à la calomnie, qu'il regrimpe sur son tréteau pour proclamer ses succès à son de trompe, et pour dire à son public : admirez-moi, voyez comme je suis grand ! rendez à César ce qui est à César, je dois répondre à ce grand homme, et je lui dis :

Oui, vous avez élargi une ruelle sur la demande d'un de vos affidés qui avait intérêt de signaler aux entrepreneurs un beau terrain à bàtir qu'il possède vis-à-vis cette ruelle. Honneur donc à lui et à ceux qu'il entraîna par son éloquence ! Honneur à vous aussi, mais pour une petite part, de cette vaste entreprise.

Oui, vous avez plâtré, badigeonné des édifices municipaux ; vous avez surveillé la confection de chemins communaux ; vous avez fait des règlements sur la police, sur les ruisseaux, sur les cimetières ; vous avez projeté de redresser et d'élargir la rue des Trois-Pucelles, et de la débaptiser, attendu que son nom effarouche votre oreille pudibonde ; mais quel maire de village n'irait pas à l'immortalité, si de pareils travaux devaient vous y conduire ?...

Oui, vous avez doté la ville de l'éclairage au gaz, qui, certes, n'aurait pas été établi par un autre maire, de manière qu'il y eût moitié de la ville au gaz et l'autre moitié à l'huile ; ne serait-ce pas vous, par hazard, qui l'auriez établi à Meaux et à Melun. Il est bien difficile que ces deux villes aient pu se passer de votre intervention, mais alors pourquoi les éclairer en totalité quand vous ne nous éclairiez qu'à moitié. Et encore, combien n'y a-t-il pas à dire sur la qualité et le volume de la lumière (*Voir* la note 1, page 14.)

Oui, vous avez projeté un abattoir comme moyen d'assouvir la cupidité des bâtisseurs, *tous électeurs*, mais vos plans étaient si bien combinés, qu'ils sont tombés anéantis sous les traits du ridicule (*Voyez* 3ᵉ Lettre, du 10 juin 1851, où la question est examinée à fond, pages 1, 7, 8, 9 et 10). (*Voir* aussi la note 2, page 14, ci-après.)

Oui, vous avez fusionné les deux salles d'asile ; mais il n'est pas adroit de vous en prévaloir, car, je vous le dis en ami, c'est la plus grosse bévue que vous ayez pu faire, puisque vous avez ainsi déshérité des bienfaits de cette institution, si utile aux ouvriers, le quartier Saint-Merry, qui en a plus besoin que tout autre. Il faut maintenant, grâce à vous, que les mères de famille perdent, chaque jour, une heure le matin, une heure le soir, pour conduire et ramener leurs enfants, quand la saison permet de le faire, et souvent l'éloignement s'y oppose; aussi, que de bénédictions elles vous envoient !

Oui, vous avez rêvé des bornes-fontaines; mais on s'en est occupé à Fontainebleau bien avant votre astucieuse élévation à la mairie. — C'est M. Lhermina, l'un de vos prédécesseurs, qui en a eu le premier la pensée, et vous n'avez rien fait que de la lui emprunter.

Mais vous, citoyen, dont les connaissances s'étendent jusqu'à proclamer qu'une cité qui n'a pas de terre ne peut être agricole, et qu'on ne fait pas de vin quand on n'a pas de vignes ; vous, qui comprenez (page 4) que. privée de cours d'eau, Fontainebleau ne peut être manufacturière, comment n'avez-vous pas compris que pour édifier des bornes-fontaines, il faut d'abord se procurer de l'eau ? C'est par là qu'avait commencé M. Lhermina, et il s'est sérieusement occupé de surmonter la difficulté. Quant à vos devis *déjà dressés*, à votre niveau déjà indiqué, ce n'étaient que de vaines démonstrations pour appeauper les ouvriers électeurs; hélas ! ces ouvriers ne sont pas aussi sots que vous le pensez, ils savaient bien que l'eau d'un puits partant de l'hospice n'alimenterait jamais des bornes-fontaines ; ils riaient de votre projet, ils rient encore de votre promesse de le reprendre quand vous redeviendrez maire.

Oui, vous avez construit des halles couvertes, mais à quel prix ? Dans quelles conditions ? Comment les devis ont-ils été faits ? Comment ont-ils été exécutés ? On dit sur ce point des choses que vous aviez le plus grand intérêt à réfuter. Et pourquoi d'ailleurs vous attribuez-vous une opération que vous n'avez pas conçue, en même temps que vous vous attribuez celles que vous n'avez pas exécutées.

Si celles-ci vous appartiennent, les autres ne vous appartiennent pas.

N'est-il pas vrai que M. Lhermina avait, longtemps avant vous, pris l'initiative ? Qu'il avait fait dresser un plan ? Que ce plan fut approuvé par l'autorité supérieure, et que, pour l'exécution de ce projet, il avait économisé une somme de plus de 60,000 fr., qui s'est trouvée en caisse lorsqu'il a quitté la mairie ? *(Voyez* note 3).

Oui, vous avez, en 1848, procuré des travaux aux ouvriers nécessiteux, *non pas avec vos économies,* mais en puisant dans nos bourses. Et puisque vous vous faites un mérite du sacrifice que nous avons fait, expliquez donc, au moins, pourquoi vous n'avez pas mis les ouvriers à la tâche, comme il était prescrit de le faire ? Ignorez-vous que les méchants disent que c'est par suite d'un calcul électoral : les ouvriers furent, par vous, mis à la journée, jusqu'aux élections ; à la tâche, immédiatement après ! (*Voir* la note 4, page 15.)

Mais, il faut bien que je le dise, ce qu'il y a de plus impudent, de plus astucieux, dans le factum que vous décorez du titre de *Compte-rendu*, quoiqu'il ne rende compte de rien de ce que le public a intérêt de savoir : c'est, sans contredit, l'allégation que l'on trouve page 21. Vous croyez devoir faire connaître la situation financière de la ville, au moment où vous avez pris la direction de l'administration et ce qu'elle était quand vous l'avez quittée, et vous osez dire, page 22 : IL RESTAIT UN DÉFICIT DE 16,346 FR. 29 C. !...

Ainsi, ce n'est point assez d'avoir abreuvé de dégoûts votre honorable prédécesseur, de l'avoir amené à donner sa démission ; vous osez lui donner un brevet de dissipateur ; il avait trouvé, en succédant à M. Lhermina, un encaisse de plus de 60,000 fr. ; il laissait, selon vous, un déficit de plus de 16,000 fr. ; donc il avait dépensé 76,000 fr. en sus des ressources ordinaires ; et cependant, il résulte des registres de la mairie, que l'encaisse à son départ était de plus de 50,000 fr. N'y a-t-il pas, dans cette allégation de votre part, une abominable calomnie ?

Nous reconnaissons tout ce que vous avez fait de mer-
veilleux, y compris votre illumination de la Notre-Dame
(*voir* la note 5); mais nous cherchons vainement dans le
Compte-rendu des explications sur d'autres actes que vous
ne devriez point passer sous silence.

Dites-nous, par exemple, pourquoi, après avoir applaudi
à ce que vous avez projeté, aussi bien qu'à ce que vous
avez fait, vous ne dites pas aux électeurs ce qui vous a dé-
terminé à sacrifier les intérêts de la caisse municipale, en
faisant, pendant deux ans, percevoir les droits d'entrée sur
la viande, par tête de bétail, au lieu de les percevoir au
poids, comme le voulait la loi? C'est là un fait authentique
qu'on vous a reproché souvent, et qui mérite une réponse.
L'occasion était belle pour nous la donner.

Pourquoi ne parlez-vous pas non plus des maisons de dé-
bauche couvertes de votre protection, à tel point que l'une
d'elles, grâce à vous, l'emporta sur tout un quartier, effrayé
d'un tel voisinage, et que l'autorité supérieure fut obligée
d'annuler l'arrêté que vous avez pris en sa faveur? Cela
méritait bien aussi quelques petites explications.

Il était d'autant plus urgent d'en donner que votre arrêté a frappé d'interdit une propriété qui était l'unique
ressource de la personne qui la possède et qui ne peut maintenant en disposer. Cette personne n'est-elle pas membre de
votre grande famille et ne mérite-t-elle pas votre intérêt
ou votre protection?

Pourquoi ne dites-vous rien non plus de votre discours au
banquet Luchet, de votre enthousiasme pour les arbres de
la liberté, du drapeau rouge arboré sous votre patriotique
administration (*voir* note 6), de la fondation de votre société
fraternelle, de vos débats, de vos liaisons, de vos soumis-
sions ; tout cela intéresserait vivement vos ex-administrés
et complèterait dignement la collection de vos œuvres.

Puisque vous remontez jusqu'à 1843 pour établir votre
illustration, vous ne devriez pas oublier 48 et 49; il est
étonnant que vous ne voyiez plus dans ces mauvais jours
d'autres graves événements que des bons de pain à prix réduit, payés par nous tous et non par vous seul, comme on
s'est efforcé de l'accréditer.

Pourquoi ne dites-vous rien non plus du traité que vous
avez autorisé, par suite duquel votre secrétaire était fer-

mier de l'usine à gaz, et votre concierge inspecteur de l'é-
clairage ; ce qui concentrait très-habilement, dans la même
main, l'administration, la fourniture, les bénéfices et l'inspection , toutes les charges restant pour le compte des
habitants ; traité qui parut tellement scandaleux qu'il entra
pour beaucoup dans la disgrâce contre laquelle vous vous
débattez vainement.

Je dis vainement, parce qu'on n'a pas d'exemple qu'un
fonctionnaire frappé, même injustement, ait reconquis le
pouvoir dont il avait été destitué ; et que, si une exception
devait être faite en faveur de votre étonnante aptitude, elle
l'eût été le jour où le gouvernement, atterré par votre
triomphe départemental, devait reconnaître en vous un de
ces génies administratifs près desquels il est toujours bon
qu'un gouvernement prudent se rapproche et se ménage des
voies de conciliation.

Cela, citoyen ex-maire, n'a rien d'exagéré. En considé-
rant le point d'où vous êtes parti et celui où vous êtes par-
venu, vous pouvez vous dire, sans manquer à votre habi-
tuelle modestie : « Personne ne sait quelle est ma des-
« tinée ; mon individualité s'est assise à la table des rois ;
« mon petit palais a reçu les commissaires extraordinaires
« de la République, mes splendides festins et mes conces-
« sions ont apaisé leurs colères ; n'a-t-on pas alors reconnu
« que j'étais plus haut placé que je ne le croyais moi-
« même ?

« Depuis, la faveur publique, par le seul ascendant de
« ma vertu, m'éleva au conseil général ; n'a-t-elle pas ainsi
« proclamé que j'étais plus qu'un maire, quel qu'il fût ?

« Le conseil municipal, à l'unanimité, placarda mon
« nom à trois mètres cinquante centimètres au-dessus du
« ruisseau que j'avais fondé : n'était-ce point un premier
« pas pour arriver au buste municipal, et même à une pe-
« tite statue dorée.

« Eh bien ! quand je me vois aujourd'hui rédigeant un
« compte-rendu de mon administration, comme fit le mi-
« nistre Necker en 1791 , il me paraît démontré que je
« m'élance dans l'espace, et que je vole à l'imprévu. »

Tout cela, citoyen ex-maire, ressort de *votre factum il-
lustrissimum,* autrement dit de votre Compte-rendu.

Non, non, rien ne peut vous arrêter, et je conçois très-bien le désappointement, la jalousie, la rage de vos détracteurs.

Ces détracteurs, ne vous en plaignez pas, ils sont précisément la preuve de votre gloire ; François Ier en eût, Louis XIV en eût, Napoléon-le-Grand en eût, cela ne les empêcha pas d'arriver à l'immortalité.

Mais voici quelque chose de plus concluant.

Mieux que Colbert, vous protégez l'industrie appliquée au pain d'épice, aux croquignoles, et aux mirlitons ; donc vous êtes un grand administrateur.

Mieux qu'un surintendant, vous aimez les fêtes, les programmes à la toise, vous adorez les chandelles romaines, les fusées, les pétards, les verres de couleurs, vous vous donnez l'air de les payer, puis vous vous faites rembourser par la caisse municipale, c'est à merveille.

Comme un régent, vous sauve-gardez les mœurs, donc vous avez droit à toutes les sympathies de la plus belle moitié du genre humain ; et ce qui est bien mieux que tout cela, vous avez trouvé un système financier auquel personne encore n'avait songé, donc vous êtes le restaurateur de notre trésor municipal. (*Voir* note 7.)

Il y a bien, à la vérité, quelques niais qui rient de vos prétentions, qui glosent sur vos chiffres, vos pirouettes, vos projets, vos vanteries, vos culbutes, et vos ovations ; mais que vous importe ? montez, montez encore, un saltimbanque a dit très-sagement :

Lorsqu'on monte toujours, on ne descend jamais.

Quand à moi, spectateur enthousiaste de vos succès pyramidaux, souffrez, citoyen ex-maire, que j'arrose encore les lauriers destinés à votre front patriarchal autant que glorieux ; je m'associe à votre grandeur future. Ce serait pour moi, je le dis sans plaisanterie, ce serait un jour néfaste que celui où je serais obligé de me taire, faute de sujet d'admiration. Je le redis du fond du cœur, montez, montez encore, montez toujours, ne redoutez aucune chute, aucune contusion, puisque, comme vous le démontrez fort éloquemment dans votre apologie, tout échec pour vous se transforme en triomphe.

En résumé, si l'on veut voir les choses de leur côté sérieux, le compte ampoulé que fait le citoyen Guérin de ses neuf années d'administration, n'est qu'un ridicule de plus à ajouter à tous ceux qu'il s'est donnés. Ce compte, par ce qu'il contient aussi bien que par ce qu'il dissimule, prouve que cette administration a été désastreuse pour la ville de Fontainebleau, en ce qu'elle a mis partout le désordre dans les finances, la fiction dans la comptabilité, et la démoralisation chez les agents du pouvoir et dans les délibérations du conseil municipal lui-même, qui s'est montré plus soucieux des intérêts individuels que de l'intérêt général (*Voir* la note 8).

Elle a érigé, en système, l'art de tromper les contribuables, et l'on voudrait encore aujourd'hui faire prévaloir ce système, comme si une administration loyale pouvait suivre les erreurs d'une administration astucieuse.

Il ressort, toutefois, du Compte-rendu, un enseignement précieux pour le public : c'est que tout ce qui a été fait et projeté est l'œuvre personnelle du citoyen Guérin. Le MOI, gonflé d'orgueil et de vent, se trouve à chaque ligne ; eh bien ! l'ex-maire, en cela, se donne à lui-même un démenti ; car, chaque fois que l'administration supérieure a reproché au citoyen Guérin des actes contraires aux intérêts bien entendus de la ville, le fonctionnaire, souple et déconcerté, a répondu, en pâlissant, que ce n'était pas sa faute ; qu'il ne pouvait se séparer de son conseil municipal ; *qu'il était débordé*. Or, il est aujourd'hui bien reconnu que c'est lui qui en a choisi tous les membres, à l'exception de cinq ou six sur vingt-trois, lui compris, *et que, de plus, il menait à la baguette une grande partie*.

Ce qu'il a fait pour l'élection de l'ancien conseil, il le fait en ce moment pour celle du nouveau, il fera, grâce à sa tactique parfaitement connue, élire des *hommes à lui*, dans le but unique d'embarrasser l'administration nouvelle, et dans l'espérance insensée de ressaisir le pouvoir, sans lequel il ne peut vivre dans cette ville qu'il appelle sa famille, et qui n'est que sa victime.

Je dis sa victime, et c'est le mot ; s'il faut en prouver la justesse par des faits, les voici :

Quant à la démoralisation semée dans toute la hiérarchie administrative, n'est-il pas vrai que l'ex-maire a perdu son secrétaire en tolérant, en sanctionnant le tripotage de l'affaire du gaz? N'est-il pas vrai qu'il a compromis jusqu'au portier de l'hôtel-de-ville, en lui attribuant un service impossible, l'inspection de la consommation du gaz; c'est-à-dire, une inspection sans contrôle, une véritable dérision, une violation de toutes les règles administratives, qui veulent que l'inspecteur soit au-dessus de l'inspecté, et surtout indépendant de l'inspecté.

L'ex-maire avait précédemment déconsidéré les agents de l'octroi, en leur faisant donner de fausses quittances, de faux émargements, relativement à la perception des droits sur la viande de boucherie. (*Voyez* page 7 ci-dessus.)

Cet abus de pouvoir a été de même appliqué au droit de suivre en ville les chargements, quand les employés présumaient de la fraude. Le relâchement dans l'exercice de ce *droit de suite* a pu donner de la popularité; mais il a porté un préjudice notable à la caisse municipale; et ce n'est pas un fait sans gravité que celui, facile à constater par les écritures de la comptabilité, qu'en même temps que la population de la ville augmentait, ses revenus diminuaient.

Dans la question du pavage, autre système non moins frauduleux, dont la preuve résulte d'un fait tout récent. L'ex-maire, en 1847, 48, 49, 50, fit persécuter, par le commissaire de police d'alors, tous les propriétaires dont les revers de pavé n'étaient pas effectués. Ces menaces réussirent auprès de quelques personnes; — le Compte-rendu n'en cite toutefois qu'une seule (page 13). Mais de tels moyens coercitifs me parurent arbitraires, je résistai; on me poursuivit: on échoua; et, depuis cette époque, toutes les menaces ont cessé; pourquoi? Parce qu'elles étaient illégales. — L'arbitraire était surtout révoltant, en ce que l'ex-maire, qui n'est généreux que lorsqu'il a intérêt de l'être, avait combiné son arrêté, non pas de manière à donner l'exemple, mais de manière à s'affranchir, ainsi que M. Deschâteaux, membre du conseil municipal, de l'obligation de paver leurs revers de plus de 180 mètres, dans une des plus belles rues de la ville: celle de France. L'ex-maire soutenait, jadis, qu'il n'était pas astreint au pavage, et cependant l'ex-maire vient lui-même de réfuter son étrange prétention, en se soumettant à l'arrêté, dans lequel il avait d'abord oublié de se comprendre. Cela est-il assez clair?

Quant à la salle d'asile et aux améliorations dont on se vante, disons hardiment qu'on y a enfoui des sommes énormes, en comparaison de l'état actuel de cette propriété communale. Le devis primitif était de 9,000 fr., les dépenses supplémentaires arrivèrent bientôt au double, comme de coutume ; puis elle s'accrurent encore ; en sorte que, pour approprier, faire, défaire, et refaire, on dépassa 30,000 fr., total approximatif, 40,000, et l'immeuble n'en vaut pas vingt. Quels magnifiques résultats ! allons, mères de famille, tressez des couronnes pour l'administrateur qui a dépensé, pour entasser 200 de vos enfants dans un seul local, plus qu'il ne fallait pour fonder une seconde salle, ou pour approprier celle qu'il se flatte (page 17) d'avoir supprimée, dans le quartier Saint-Merry.

Telle est la vérité sur les seuls points que je veuille aborder aujourd'hui. On pourrait, sur tous les autres, faire aux allégations du Compte-rendu des réponses non moins catégoriques. Mais qui les voudrait lire ? Laissons donc toutes ces vétilles, et montons au Capitole pour rendre grâce des services signalés et des bienfaits que nous devons à l'administration du citoyen Guérin, malheurensement et méchamment réduit à se reposer sur ses lauriers.

POST-SCRIPTUM.

10 septembre 1852.

Des personnes qui ont la bonté d'applaudir à mes efforts, se sont étonnées de ce que je n'aie pas dit mon petit mot à l'époque de l'élection départementale. Elles s'étonnent également de ce que je garde le silence au moment où les intrigues s'agitent pour les élections municipales.

Je leur dois une explication que voici :

J'étais intimement convaincu lors de l'élection départementale, que la réputation d'incapacité que s'est faite au conseil général le citoyen Guérin, serait un obstacle à son élection, et je me disais à quoi bon publier ce que tout le monde sait aussi bien que moi? Depuis, le citoyen Guérin a reconnu combien cette opinion, qu'on a de sa nullité, est fondée, car on l'a vu distribuant, à Fontainebleau, des couronnes aux jeunes filles, pendant que ses collègues s'occupaient, à Melun, des affaires du département, Il parait qu'il a pensé que lui de plus ou de moins, ces affaires n'iraient ni mieux ni plus mal.

Je me trompais lourdement en pensant qu'on rendrait justice au citoyen Guérin. Des intérêts futiles l'ont emporté sur l'intérêt public, et je ne crois pas maintenant me tromper, quand je pense que ceux qui ont méconnu leur devoir de citoyen et les intérêts du canton, en élisant un homme qui est l'objet de la dérision de ses collègues, ne manqueront pas de l'élire encore au conseil municipal.

Ils sont en majorité, — à quoi bon les avertir du mal qu'ils feront à la ville? Ils le savent bien; il y a parti pris; c'est une fantaisie qu'ils veulent se passer; plus on les convaincrait de leur faute, plus ils persisteraient à la commettre. Comme ces bons boutiquiers de Paris qui élisaient des démagogues, pour prouver leur mécontentement, ils veulent, en élisant ici ceux qui ont arboré le drapeau rouge, donner une leçon au gouvernement. Ce n'est donc pas à leur porte qu'il faut frapper, c'est à celle des hommes de bon sens, c'est à celle de la vérité qui finit toujours par l'emporter sur la vanité satisfaite ou blessée.

Il est bien certain qu'il n'y a plus, dans l'élection du citoyen Guérin, qu'une question de vanité. — Eh bien ! cette question sera résolue contre lui, malgré le succès qu'il espère; et précisément, à cause de ce succès, sous lequel se trouve une leçon bien autrement piquante que celle qu'on veut donner au Président de la République. La question sera décidée surtout contre l'ex-maire, car ses amis n'arriveront au conseil municipal que pour être témoins de ses défaites, que pour le voir changer le fauteuil de président contre la scellette d'un homme dont on épluche la conduite; et j'avouerai que cela me sourit infiniment.

Je dois, en conséquence, m'abstenir de tout ce qui pourrait entraver une élection qui ne se fait plus que pour des menus plaisirs.

Une chose, il faut cependant le dire, échappe à la perspicacité des meneurs électoraux de l'ex-maire, c'est que le citoyen Guérin, ayant l'extrême modestie de se présenter officiellement dans toutes les sections, prouve une fois de plus qu'il considère sa bonne ville de Fontainebleau comme un véritable bourg-pourri; nous saurons bientôt si elle accepte ce nouveau bienfait de son ex-maire.

B.

NOTES.

Note de la page 5.

(1) Voici un petit fait accessoire qui témoigne de l'intelligence avec laquelle les intérêts de la ville sont défendus. Par un article du traité passé avec la Compagnie, il est stipulé que l'entretien des lanternes, potences et autres accessoires servant à l'éclairage, est à la charge de la Compagnie, afin qu'elle soit intéressée à bien surveiller ses agents et à conserver ces objets ; mais, depuis que la ville est devenue propriétaire on a donné à cet article une singulière interprétation : on a décidé que cet entretien doit être supporté par la ville; c'est une somme d'environ 1,000 fr. par an, dont on décharge le fermier, qui, étant substitué aux droits de la Compagnie pour les bénéfices, devrait l'être également pour les charges. Ordinairement, c'est celui qui jouit, qui use, qui casse, qui doit remplacer les objets usés ou cassés; mais on aime à Fontainebleau à se jouer de toutes les règles.

Note de la page 5.

(2) Cette question de l'abattoir se représentera bientôt, il peut être utile de donner quelques éclaircissements pour rectifier les effets du système qui a prévalu. Le premier projet, si vivement critiqué, est abandonné; le second sera-t-il plus heureux? Voici ce qu'on lit dans un document inédit sur cette question : « Si vous ajoutez un nouvel « impôt de 15,000 fr. au droit d'octroi qui est payé aujourd'hui par les « bouchers, et qui s'élève à environ 30,000 fr., le commerce de la bou- « cherie se trouvera chargé d'une taxe de 45,000 fr., qui est à peu près « le tiers du produit total de l'octroi. On se demande déjà s'il est bien « convenable d'imposer une telle charge sur une seule industrie.

« Il est de principe, en matière de contributions indirectes, que les « tarifs des droits à percevoir doivent toujours être en rapport avec « ceux des localités voisines; si vous rompez la proportion, vous ajou- « tez une nouvelle cause de répulsion pour les étrangers et d'émigra- « tion pour les habitants qui s'étonnent déjà du prix des aliments....

« Je n'entrerai pas dans les détails d'une foule d'autres charges qui, « quoique moins apparentes, ne sont pas moins réelles; et qui toutes, « par un moyen quelconque, retomberaient sur les consommateurs....

« Il serait donc sage et prudent d'ajourner le projet d'abattoir, et « d'attendre pour son exécution le moment où la ville, se trouvant « dans une situation plus prospère, pourrait entreprendre cette opé- « ration sans imposer de nouvelles charges aux habitants. »

Ce conseil était bon comme fiche de consolation à l'ex-maire, très-enthousiaste de cette idée, soufflée par les entrepreneurs qui formaient sa majorité; mais il y a aujourd'hui quelque chose de mieux à faire, c'est de déjouer l'avidité des abattoriens qui, depuis quatre ans, ne s'occupent que de leurs intérêts personnels. Ce n'est qu'en les démasquant, qu'en les musclant, que la nouvelle administration pourra servir les véritables intérêts de la ville et augmenter l'estime que les honnêtes gens manifestent pour elle.

Note de la page 6.

(3) Je ne donne ici, comme dans toutes mes autres évaluations, que des chiffres approximatifs, tels que me les ont indiqués des personnes qui n'ont pas les registres à leur disposition, mais je les donne plutôt au-dessous qu'au-dessus. Ainsi l'encaisse de M. Lhermina paraît avoir été de 70,000 fr., et celui de M. Dudouit de 61,000 fr., sommes rondes: car je n'ai pas le moyen de faire des calculs par francs et centimes: je dédaigne, au surplus, cette petite ruse, qui n'a pour objet que de faire croire qu'on s'est livré à des examens scrupuleux et sincères, tandis qu'on ne s'est occupé que de tromper le public.

Note de la page 6.

(4) On voit que rien n'était négligé par l'ex-maire pour s'assurer une majorité; et l'on a si bien manœuvré en son nom, que les habitants de Samois attribuent exclusivement au citoyen Guérin, l'achèvement de leur chemin, et même *à sa caisse personnelle*; tandis que cette commune le doit à ses propres efforts et aux sacrifices que fit, non pas l'ex-maire, mais la ville de Fontainebleau ; sacrifices qui eussent été beaucoup plus fructueux sous une administration plus ferme, plus éclairée, et moins préoccupée d'intérêts et de passions personnelles.

Note de la page 7.

(5) On trouve à la même page que c'est M. Guérin qui a fondé notre fête patronale ; on se demande si ce n'est pas lui qui a canonisé saint Louis. — Cette fête existait avant 1850.

Note de la page 7.

(6) Il y a sur tout cela des détails extrêmement piquants. Les coups de langue de la coterie stimulent d'autres langues qui commencent à se délier. Il nous arrive des documents que nous mettons en ordre et qui feront bientôt l'objet d'une cinquième lettre très-intéressante. Il a toutefois été impossible de se procurer le magnifique discours du citoyen Guérin sur les grandeurs, sur les bienfaits de la République et sur l'aménité des républicains de 48 ; nous espérons que quelque main charitable voudra bien nous le faire passer ou nous en donner copie pour compléter notre collection.

Note de la page 9.

(7) On ne peut ici discuter les arguments financiers de l'ex-maire ; ils se réduisent à celui-ci: *Mes dépenses sont des produits, les dettes sont des ressources.* Voici la preuve la plus claire : l'abattoir coûtera

150,000 fr., il produira 15,000 fr. ; c'est de l'argent bien placé. Mais qui payera les 15,000 de produit? les bouchers,.... sauf leur recours contre les cuisinières ; les habitants ne s'apercevront pas de si peu ; ils jouiront presque gratis des parfums que ne manquera pas de répandre l'abattoir, comme ils jouissent déjà de ceux de l'usine à gaz, qui remplace très-convenablement, pour la route de Valvins, ce qui naguère choquait si fort le nez des passants. (*Voyez* nos lettres de 1851).

L'ex-maire profite avec beaucoup d'esprit de la situation actuelle des finances, d'après les budgets, pour soutenir que la ville n'est pas endettée, qu'elle doit tout au plus 56,570 fr. ; mais à partir de l'année prochaine, les paiements et les comptes arriveront, et c'est là qu'on verra où nous en sommes avec les créanciers que l'ex-maire nous a donnés comme à plaisir.

Il faut terminer cette note par un extrait de la page 22 du Compte-rendu apologétique ; on y lit ce qui suit :

« La dépense pour l'extension de l'éclairage au gaz (77,000 fr.) ne peut pas figurer comme dette de la ville, parce que cette somme *sera amortie* avec le produit de l'usine *à l'expiration du bail.* »

Malheureusement, on ne dit pas quand finira ce bail, ni combien d'intérêt va payer la commune, pour attendre l'amortissement ; peut-être ces intérêts ne sont-ils pas une dette non plus. N'y a-t-il dette que lorsqu'on est hors d'état de payer? Est-ce qu'un propriétaire qui emprunte sur hypothèque ne contracte pas une dette? Est-ce que la dette d'une commune ne se compose pas de tout ce qu'elle a à payer? Ce système de l'ex-maire est donc une illusion ; et que deviendrait cette illusion, si un évènement quelconque anéantissait l'établissement? Où seraient les moyens de payer.

Note de la page 10.

(8) Le Compte-rendu dit, page 4 : que presqu'unanimement les membres du conseil, inspirés par les véritables intérêts de la ville, l'ont constamment honoré de leur confiance et de leur loyal concours ; cela veut dire en bon français que les cinq ou six membres qui s'opposèrent à ses projets agissaient contre les intérêts de la ville ; qu'ainsi M. Thinus fut suspendu parce qu'il était inspiré par les véritables intérêts de la ville, et que M. Guérin fut destitué pour la même cause. Il est à cela une réponse très-facile. Les opposants ne l'ont jamais été systématiquement, et cela est prouvé par la déclaration de M. Guérin, mille fois répétée *que le vote de son écriteau a été émis à l'unanimité.* Mais ces conseillers opposants, plus anciens que lui, connaissaient mieux que lui les intérêts de la ville, ils voyaient où il conduisait la caisse municipale, ils auraient préféré un maire qui, comme MM. Lhermina et Dudouit, avaient laissé de larges économies, à un maire qui, comme M. Guérin, devait laisser de larges déficits. Il est malheureux que les circonstances leur aient si complètement donné raison. M. Guérin a pris, par des intrigues multipliées, la caisse municipale avec une réserve de 50,000 fr. ; il la rend avec un déficit de 56,570 fr., sans compter les dépenses à payer pour d'autres objets que ceux qu'il mentionne ; différence entre ce qu'elle était et ce qu'elle est, 106,000 fr.

www.ingramcontent.com/pod-product-compliance
Lightning Source LLC
Chambersburg PA
CBHW061554050726
47595CB00009B/3806